Friedl Hofbauer-Preis
Der Text für dieses Buch wurde mit dem Friedl Hofbauer-Preis 2012 ausgezeichnet – dieser Preis ist der großen österreichischen Kinderlyrikerin und Sprachspielerin gewidmet.

Entstanden nach einer Idee der St. Nikolausstiftung.
www.nikolausstiftung.at

In Zusammenarbeit mit dem Kinderbuchhaus im Schneiderhäusl.
www.kinderbuchhaus.at | www.lesel.at

Deutscher Jugendliteraturpreis 2014, Kategorie Sachbuch | Preisbuch
Österreichischer Kinder- und Jugendbuchpreis 2014 | Preisbuch
Leipziger Lesekompass 2014 | Preisbuch
White Ravens 2014
Kinder- und Jugendbuchpreis der Stadt Wien 2013 | Würdigungspreis

5. Auflage 2022
© 2013 Verlagsanstalt Tyrolia, Innsbruck

Umschlagbild: Laura Momo Aufderhaar, Berlin
Grafische Gestaltung und Satz: Nele Steinborn, Wien
Schrift: Solex
Druck und Bindung: FINIDR, Tschechien

ISBN 978-3-7022-3367-9
E-Mail: buchverlag@tyrolia.at
Internet: www.tyrolia-verlag.at
Social Media: Tyrolia Verlag Kinderbuch

Wir danken für die freundliche Unterstützung.

Gerda Gelse

Heidi Trpak | Laura Momo Aufderhaar

Allgemeine Weisheiten über Stechmücken

st.nikolausstiftung
erzdiözese wien

Tyrolia-Verlag · Innsbruck–Wien

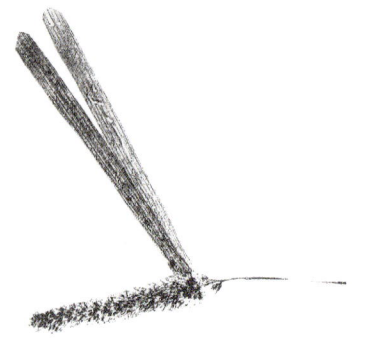

Abb. 1
Stechmücken (Culicidae) gehören zur Klasse der Insekten (Insecta) und sind häufig in der Nähe von Wasserstellen anzutreffen. Ein feuchter Lebensraum ist für sie besonders wichtig.

Hallo, mein Name ist Gerda Gelse!

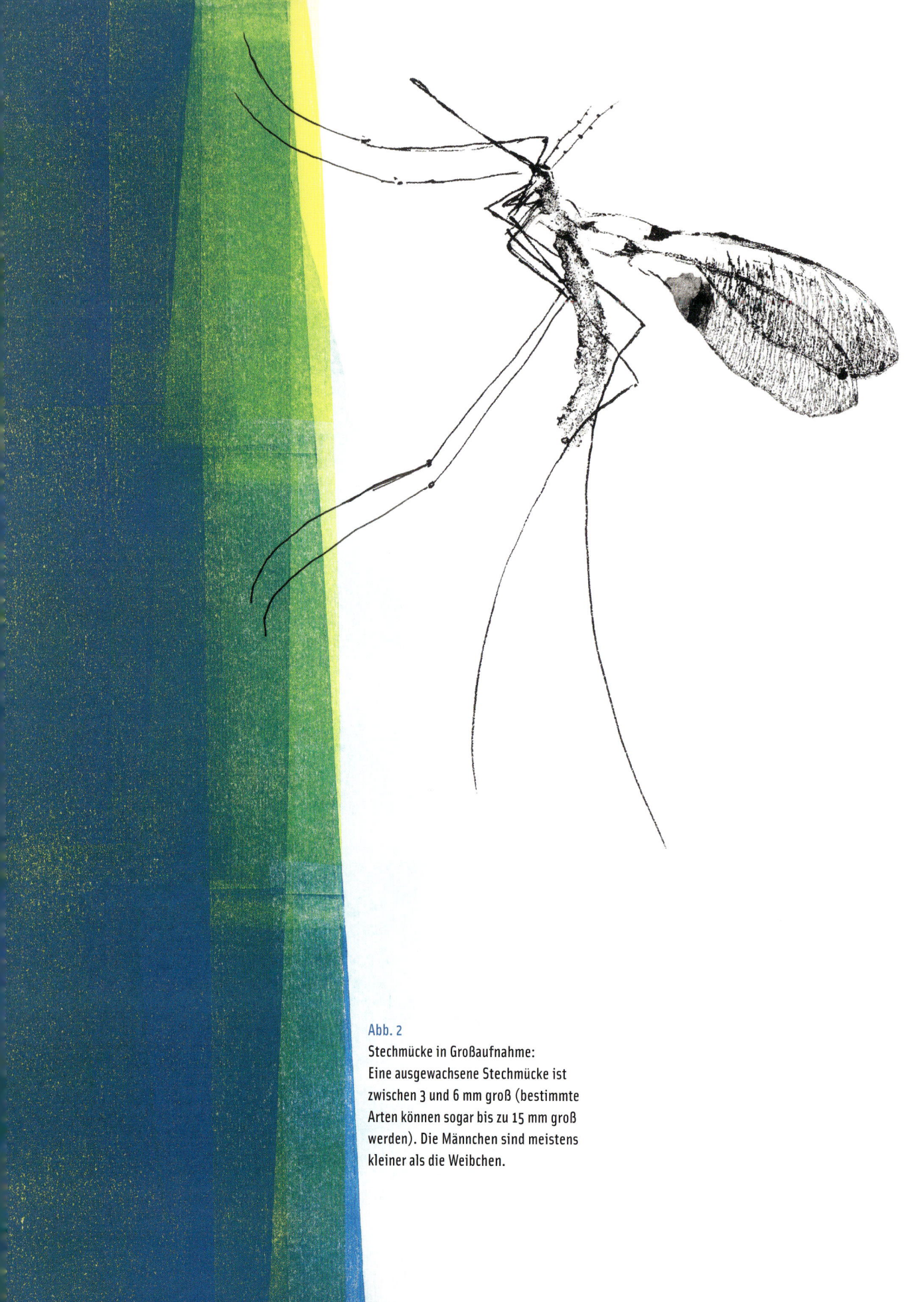

Abb. 2
Stechmücke in Großaufnahme:
Eine ausgewachsene Stechmücke ist zwischen 3 und 6 mm groß (bestimmte Arten können sogar bis zu 15 mm groß werden). Die Männchen sind meistens kleiner als die Weibchen.

Ich bin zwar erst vor acht Tagen geschlüpft, trotzdem bin ich schon richtig erwachsen. Denn anders als ihr Menschen werden wir nur drei bis acht Wochen alt.

Soll ich mich einmal beschreiben?
Ich habe zwei durchsichtige, feine Flügel,
wunderschöne, haarige Fühler
und einen langen Stechrüssel.
Dazu einen schlanken, behaarten Körper
und sechs lange Beine.

Ich wiege zwei Milligramm.
Das ist so schwer wie vier von euren Menschenhaaren.

Wenn ich fliege, erzeugen meine Flügel ein wunderschönes Sirren. Ihr kennt mein Lied bestimmt. Ich singe es euch am liebsten zum Einschlafen vor, sobald ihr das Licht ausgeschaltet habt. Dann winkt ihr mir immer so nett zu, bis ich einen guten Platz zum Stechen gefunden habe. Und wenn ihr dann eingeschlafen seid …

Aber nicht, dass ihr denkt, wir würden **euer Blut fressen!**
Wir **Weibchen** brauchen das Blut zum Eierlegen.

Ansonsten ernähren wir uns von leckerem Blütennektar.
Wir sind sozusagen **fast Vegetarier.**

Abb. 3
Nur die weiblichen Stechmücken saugen Blut. Die Männchen ernähren sich ausschließlich von Pflanzensäften.

Ich mag es am liebsten warm und windstill. Außerdem freue ich mich immer über Wolken, denn zu viel Sonne bekommt mir nicht.

Wenn es zu stürmisch oder zu kalt ist, suche ich mir lieber einen gemütlichen Platz und verkrieche mich dort.

Besonders liebe ich die Abendstunden. Da treffe ich mich mit vielen anderen zum Tanz über dem Wasser.

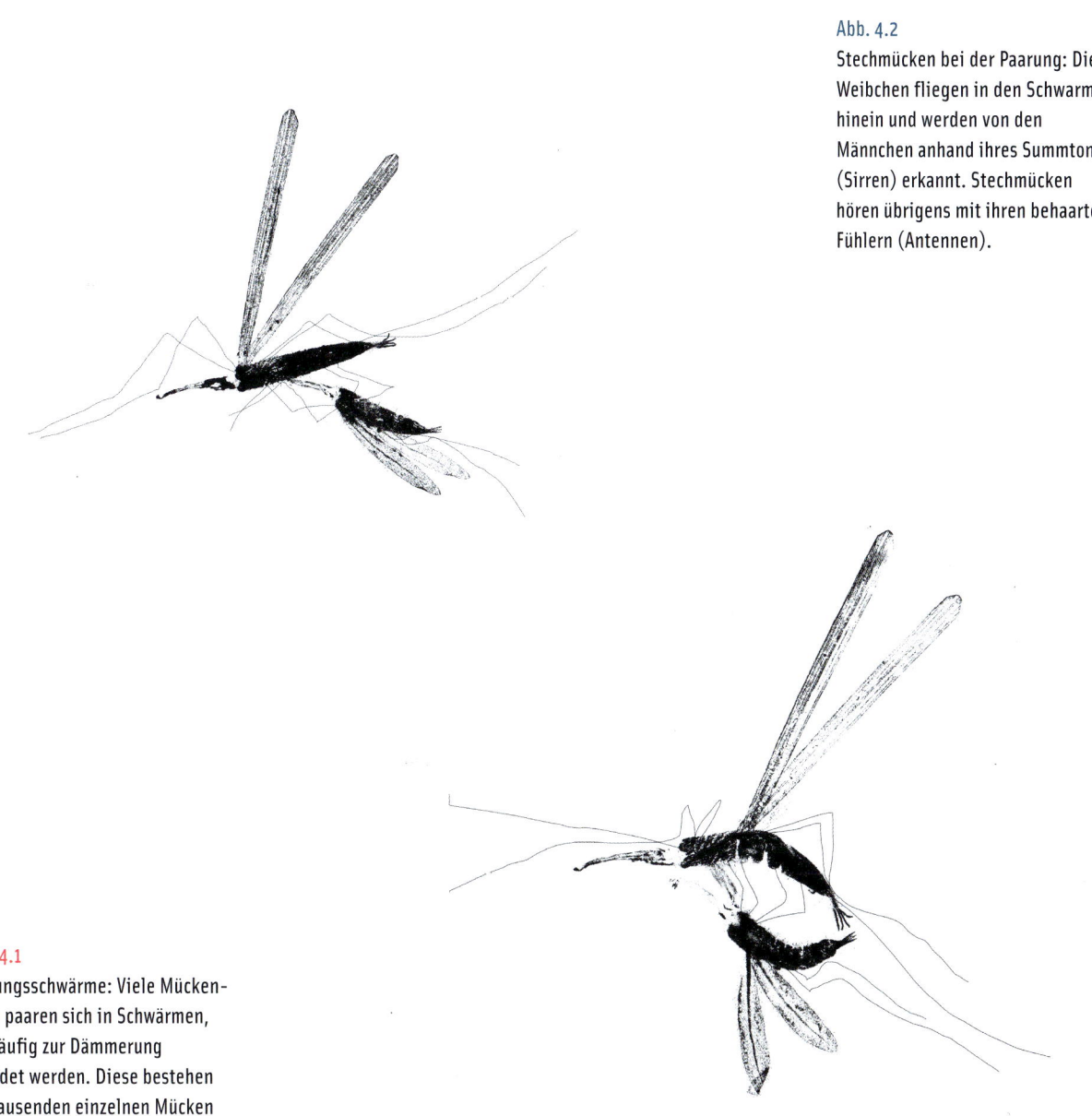

Abb. 4.2
Stechmücken bei der Paarung: Die Weibchen fliegen in den Schwarm hinein und werden von den Männchen anhand ihres Summtons (Sirren) erkannt. Stechmücken hören übrigens mit ihren behaarten Fühlern (Antennen).

Abb. 4.1
Paarungsschwärme: Viele Mückenarten paaren sich in Schwärmen, die häufig zur Dämmerung gebildet werden. Diese bestehen aus tausenden einzelnen Mücken (zum Großteil Männchen).

Abb. 5.1
Weibliche Stechmücken mit Stechrüssel: Da nur die Weibchen Blut saugen, haben auch nur sie einen Stechrüssel.

Damit meine Eier wachsen können, brauche ich Blut. Aus diesem Grund mache ich mich auf die Suche nach einem gut duftenden Menschen. Zum Glück zieht ihr euch im Sommer immer extra kurze Sachen an, da kann ich eure Haut besser finden.

Ich suche mir ein gutes Plätzchen und steche ganz vorsichtig mit meinem Rüssel zu. Ich bin zwar kein Elefant, aber ich habe trotzdem einen Rüssel, einen Stech- und Saugrüssel.
Ich bemühe mich, euch ganz fein zu stechen, damit ihr es nicht merkt. Das juckt euch trotzdem? Das tut mir aber leid.

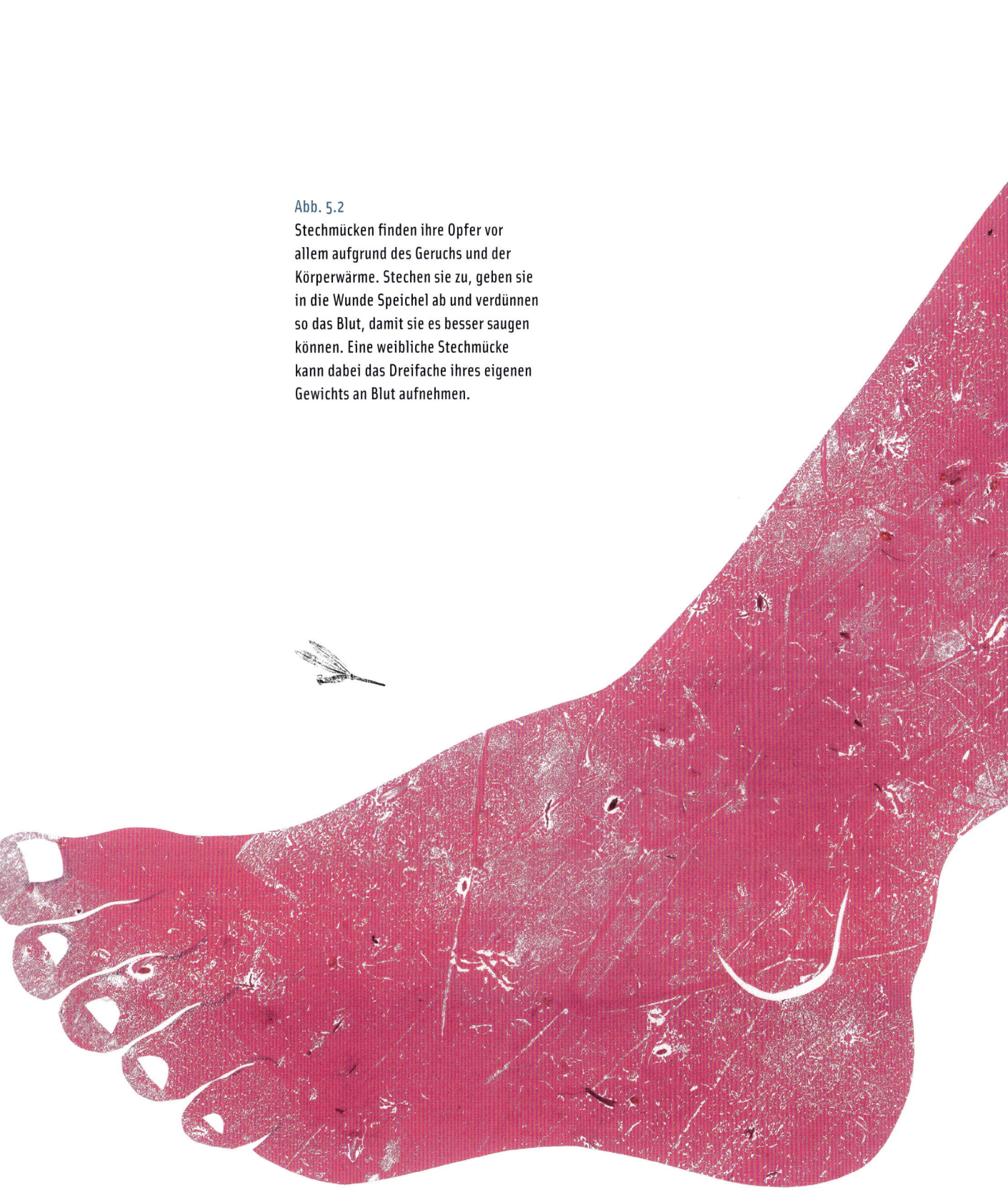

Abb. 5.2
Stechmücken finden ihre Opfer vor allem aufgrund des Geruchs und der Körperwärme. Stechen sie zu, geben sie in die Wunde Speichel ab und verdünnen so das Blut, damit sie es besser saugen können. Eine weibliche Stechmücke kann dabei das Dreifache ihres eigenen Gewichts an Blut aufnehmen.

Mein Stechrüssel ist etwas ganz Besonderes. Obwohl er so fein ist, dass ihr ihn kaum sehen könnt, besteht er aus vielen einzelnen Teilen, den sogenannten Stechborsten.

Wie ihr Menschen habe auch ich daher eine Ober- und Unterlippe sowie einen Ober- und Unterkiefer. Nur Zähne habe ich keine.

Dafür habe ich ein Schlundrohr, durch das ich mein Essen saugen kann.

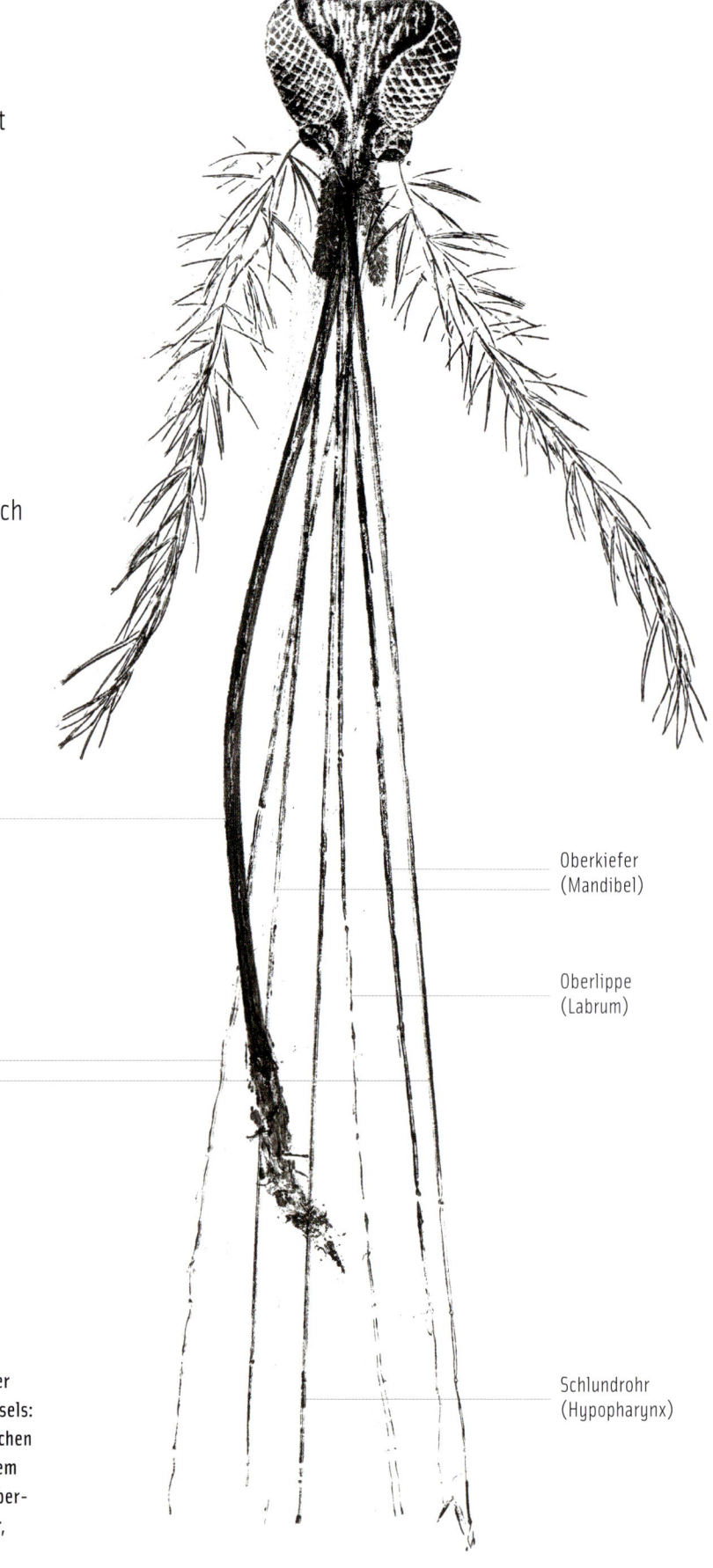

Abb. 6.1
Schematische Darstellung der Stechborsten eines Stechrüssels: Der Stechrüssel einer weiblichen Stechmücke besteht aus einem Bündel von Stechborsten (Oberlippe, Ober- und Unterkiefer, Schlundrohr).

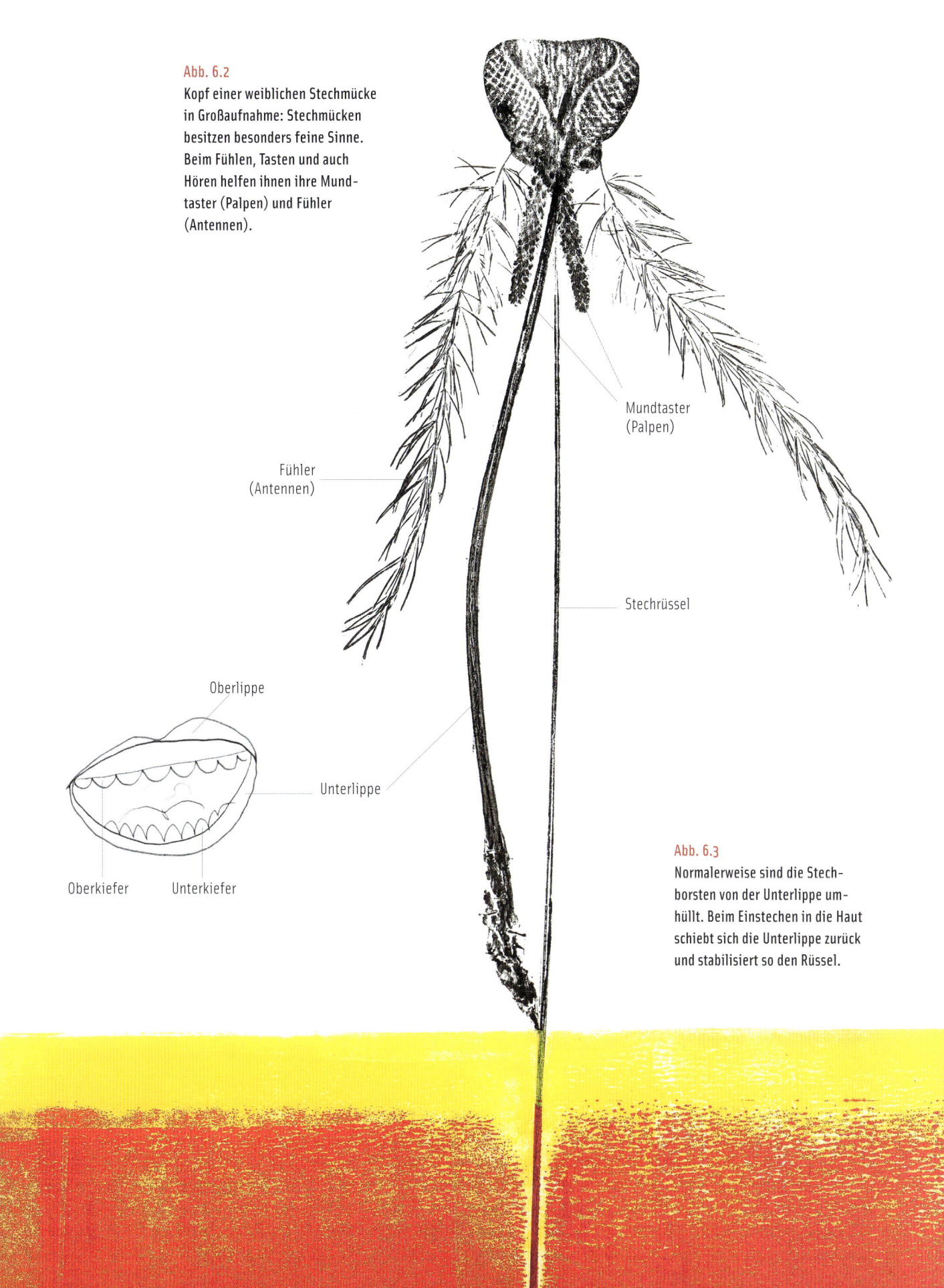

Abb. 6.2
Kopf einer weiblichen Stechmücke in Großaufnahme: Stechmücken besitzen besonders feine Sinne. Beim Fühlen, Tasten und auch Hören helfen ihnen ihre Mundtaster (Palpen) und Fühler (Antennen).

Mundtaster (Palpen)

Fühler (Antennen)

Stechrüssel

Oberlippe

Unterlippe

Oberkiefer   Unterkiefer

Abb. 6.3
Normalerweise sind die Stechborsten von der Unterlippe umhüllt. Beim Einstechen in die Haut schiebt sich die Unterlippe zurück und stabilisiert so den Rüssel.

Abb. 7.1
Sternförmig zusammengelegte Eier auf der Wasseroberfläche: Manche Mückenarten (z. B. Anopheles) legen ihre Eier einzeln ab, die dann durch die Wasserströmung stern- oder netzförmig zusammengetrieben werden.

Abb. 7.2
Andere Mückenarten (z. B. Culex) legen ihre Eier gleich in Paketen – sogenannten »Schiffchen« – ab.

Mithilfe von eurem Blut können sich **meine Eier** entwickeln, sodass ich sie ablegen kann. Am liebsten suche ich mir dazu einen Tümpel oder eine **gefüllte Regentonne**.

Je weniger **Fische** im Wasser sind, desto besser für meine Eier!

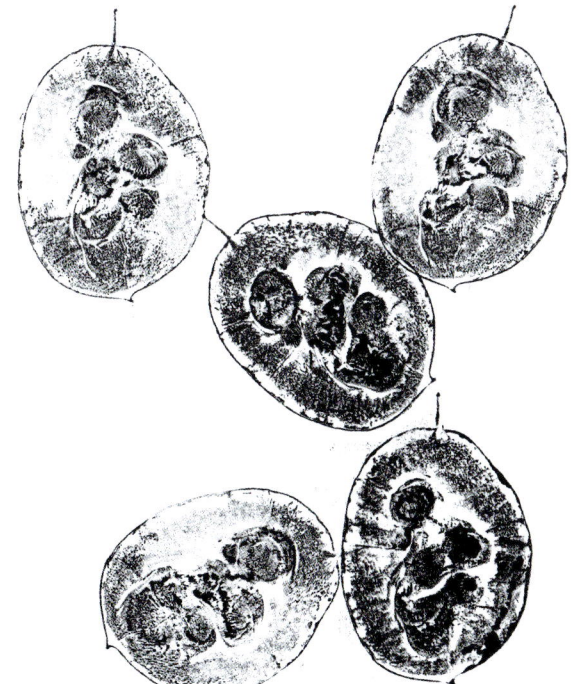

Abb. 7.3
Aedes-Eier in Großaufnahme: Die Auwaldmücken (Aedes) brauchen für ihre Eier kein Gewässer. Sie legen sie einzeln in die ausgetrocknete Erde von Überschwemmungsgebieten. Erst bei erneuter Überflutung im Frühling entwickeln sie sich zu Larven weiter.

Aus den Eiern schlüpfen **nach ein bis drei Tagen** die Larven.
Sie leben im Wasser, atmen aber Luft.

Das sieht sehr lustig aus, denn sie **hängen verkehrt herum**
im Wasser, mit dem Kopf nach unten.

Am Popo haben sie ein langes Rohr, das wie ein Strohhalm bis zur
Wasseroberfläche reicht. Durch dieses Rohr können sie atmen.

Bei Gefahr tauchen sie rasch ab und verstecken sich im Wasser!
Sie fressen **Algen und Kleinsttiere** und werden schnell größer.

Abb. 8
Stechmückenlarven im Wasser:
In einem Liter Wasser können sich
mehrere hundert Larven aufhalten.
Mithilfe ihrer Haarbüschel können
sie sich im Wasser gut bewegen.

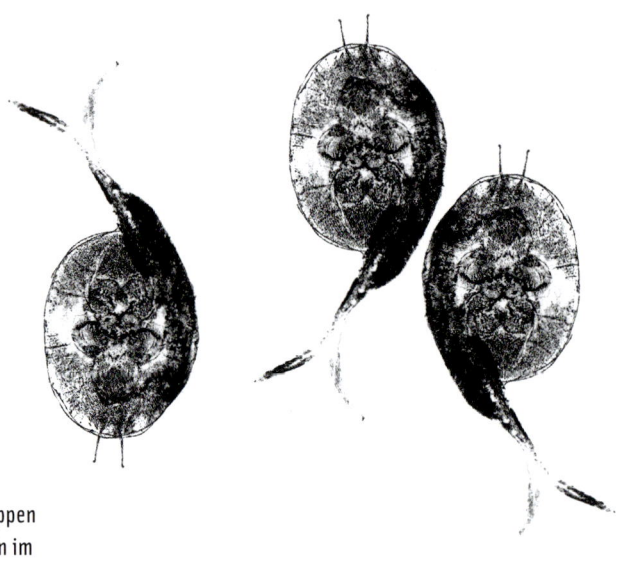

Abb. 9.1
Stechmückenpuppen: Als Puppen leben Stechmücken weiterhin im Wasser. Zum Atmen dienen ihnen nun zwei Hörnchen, die sich auf dem Brustabschnitt befinden.

Die Larven müssen sich viermal häuten, dabei wachsen sie jedes Mal ein bisschen. Erst dann verwandeln sie sich zu Puppen. Jetzt ist viel Ruhe angesagt und es wird auch nichts mehr gegessen. Das dauert aber nicht lang, denn schon nach wenigen Tagen schlüpfen meine Kinder aus. Sie sind besonders klug, zum Fliegenlernen brauchen sie nur ein paar Stunden – und schon geht es los!

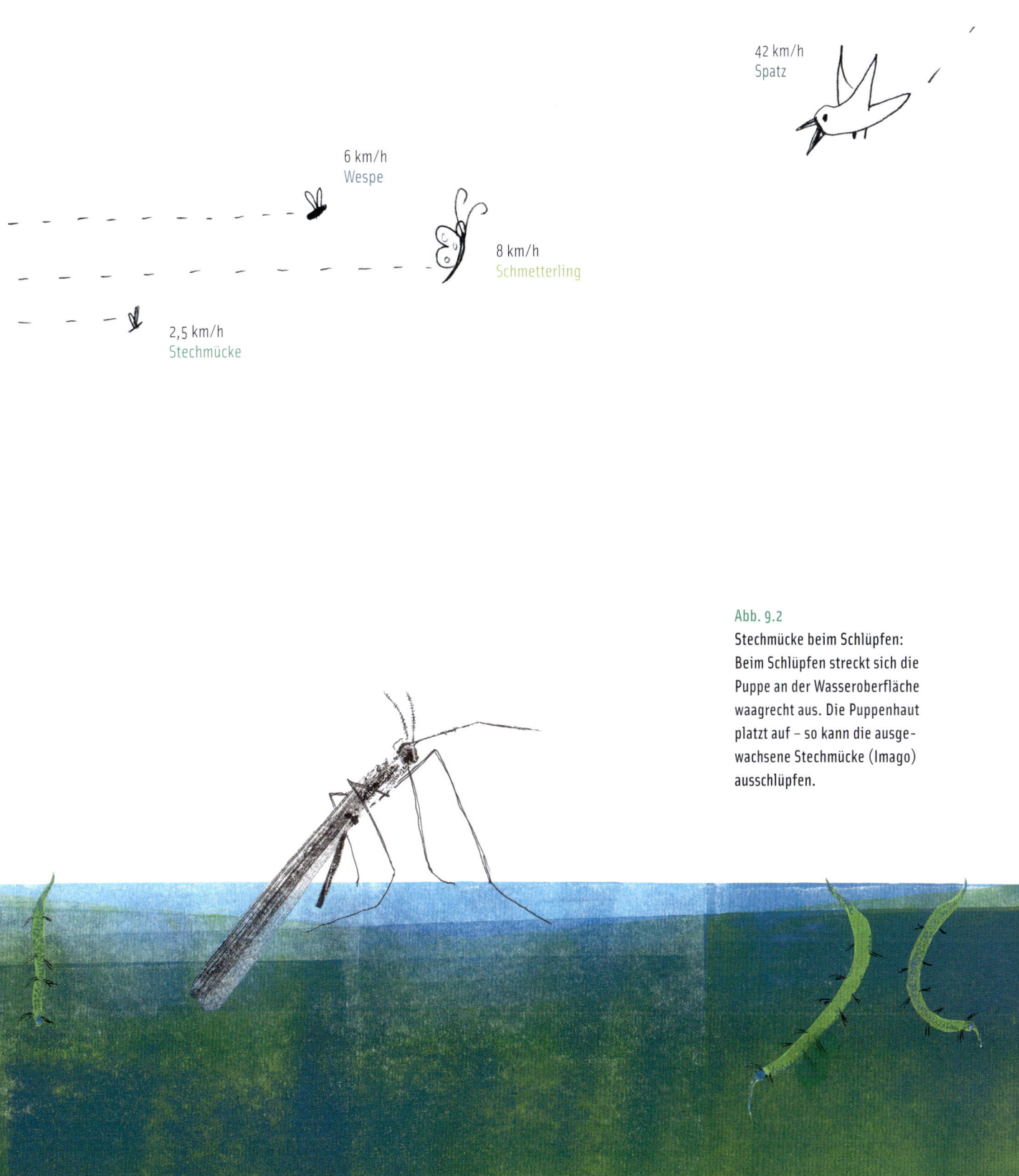

Abb. 9.2
Stechmücke beim Schlüpfen: Beim Schlüpfen streckt sich die Puppe an der Wasseroberfläche waagrecht aus. Die Puppenhaut platzt auf – so kann die ausgewachsene Stechmücke (Imago) ausschlüpfen.

Abb. 10
Stechmücken sind ein wichtiges Glied in der Nahrungskette.

Jetzt müssen meine Kinder gut aufpassen, denn es gibt viele Tiere, die uns für Leckerbissen halten. Vögel, Libellen, Frösche, Spinnen und andere Tiere fressen uns durchaus gerne.

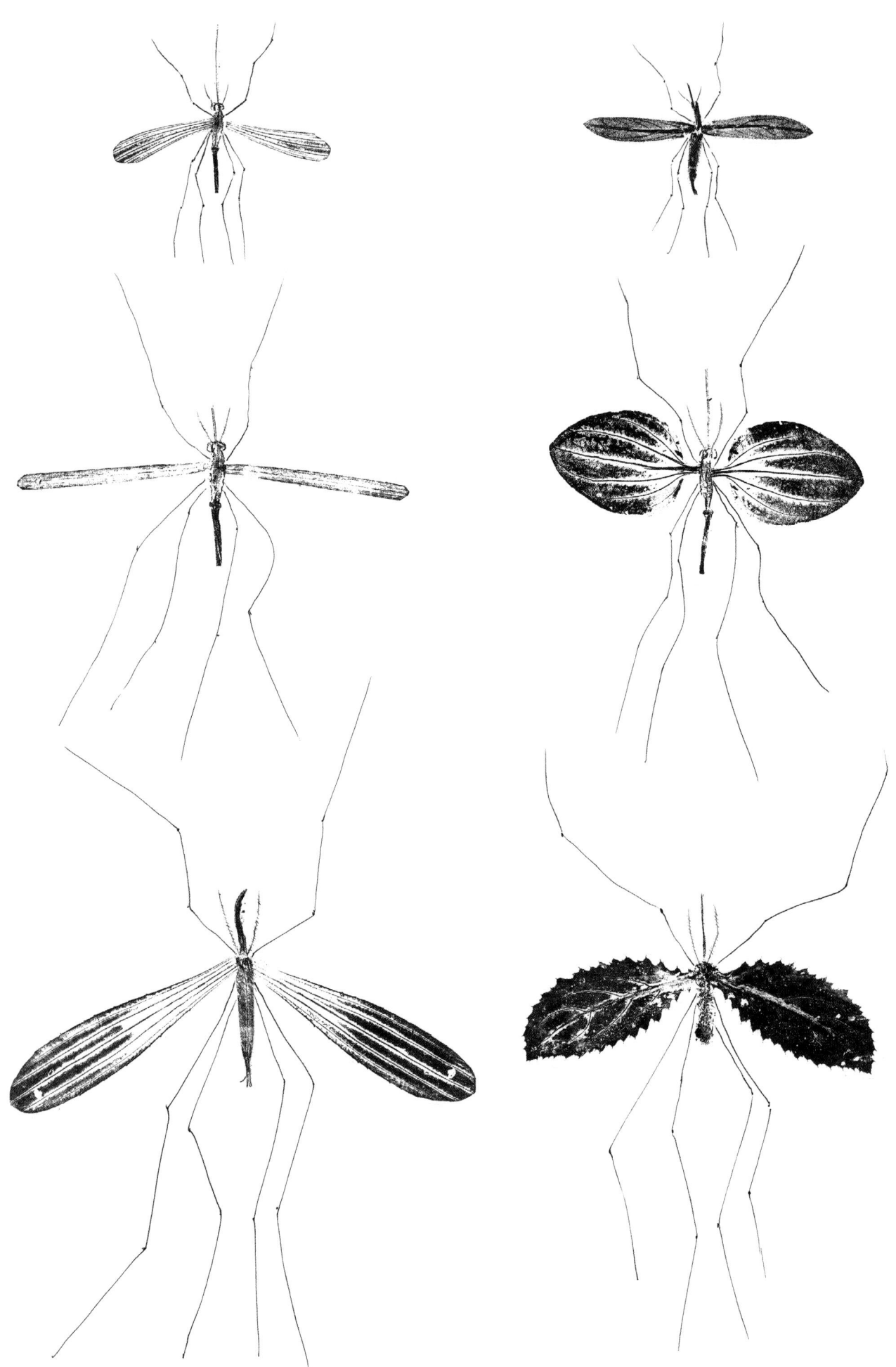

Es gibt ganz viele verschiedene Arten von uns. Weil wir aber alle zur gleichen Familie gehören, schauen wir uns sehr ähnlich.

Schade, dass ihr Menschen so schlechte Augen habt. Um uns genau zu betrachten, müsst ihr durch ein Mikroskop schauen. Dann könnt ihr sehen, wie wunderschön meine Flügel und wie grazil meine langen Beine sind.

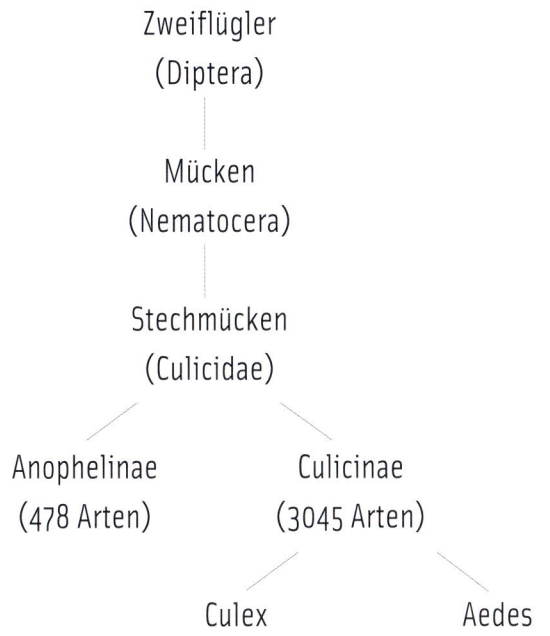

Stammbaum
Klasse: Insekten (Insecta)
Unterklasse: Fluginsekten (Pterygota)
Überordnung: Neuflügler (Neoptera)
Ordnung: Zweiflügler (Diptera)
Unterordnung: Mücken (Nematocera)
Familie: Stechmücken (Culicidae)
Unterfamilien: Anophelinae (478 Arten) und Culicinae (3045 Arten)
Zur Unterfamilie der Culicinae zählen u. a.: Aedes und Culex

Abb. 11
Weltweit gibt es fast 3000 verschiedene Arten von Stechmücken. In Mitteleuropa finden sich vor allem die Hausmücke (Culex), die Auwaldmücke (Aedes) und die Fieber- bzw. Malariamücke (Anopheles).

Wir sind schon **etwas Besonderes!** Es gibt uns schon seit 80 Millionen Jahren – wir haben sogar die Dinosaurier persönlich kennengelernt.

Man findet uns auf der ganzen Welt. Nur in der Wüste und auf den Eisflächen der Antarktis und der Arktis nicht, denn zu heißes oder zu kaltes Wetter vertragen wir nicht.

Weil es uns fast überall auf der Welt gibt, haben wir auch Namen in allen Sprachen der Welt – manchmal sogar mehrere Namen in einer Sprache. So sagt ihr etwa in Österreich »Gelsen« zu uns, in Teilen der Schweiz heißen wir »Staunsen«, in Süddeutschland »Schnaken« und weiter nördlich »Mücken«.

Aber es ist ganz egal, wie ihr uns nennt.
Denn ihr Menschen und wir sind ein super Team!
Ich liebe euch alle!

Bis bald,
eure Gerda

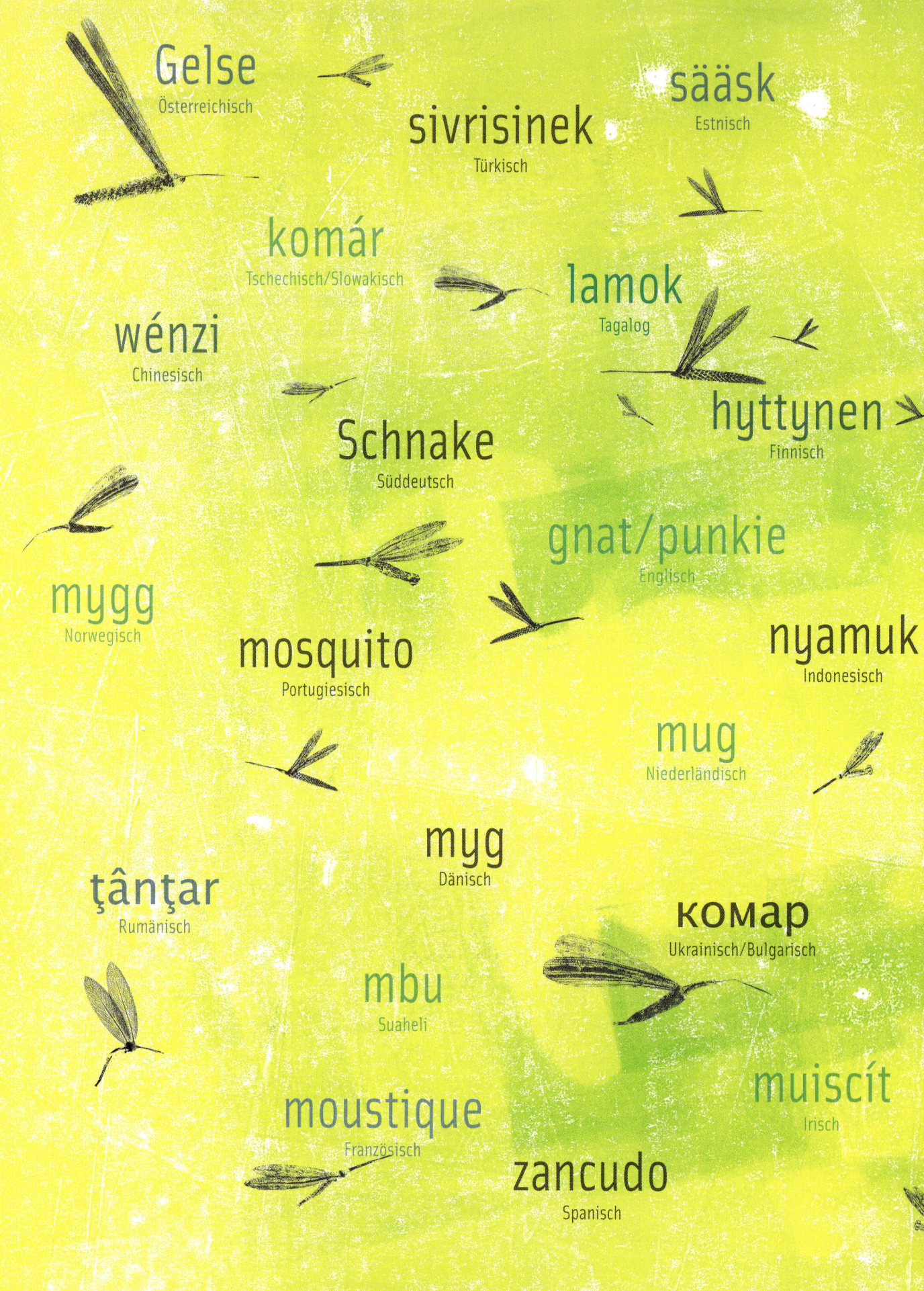